100% PERSÖNLICH

name name I nom I nome I nombre I navn I naam

adresse address I adresse I indirizzo I dirección I adresse I adres

telefon phone I téléphone I telefono I teléfono I telefon I telefoon

handy mobile phone I téléphone mobile I cellulare I teléfono móvil I mobiltelefon I mobiele telefoon

email 1

email 2

geburtsdatum date of birth I date de naissance I data di nascita I fecha de nacimiento I fødselsdato I geboortedatum

IM NOTFALL

in case of emergency I en cas d'urgence I in caso di emergenza I en caso de emergencia I i nødstilfeller I in geval van nood

name name I nom I nome I nombre I navn I naam

adresse address I adresse I indirizzo I dirección I adresse I adres

telefon phone I téléphone I telefono I teléfono I telefon I telefoon

handy mobile phone I téléphone mobile I cellulare I teléfono móvil I mobiltelefon I mobiele telefoon

WICHTIGE NUMMERN

important numbers I numéros importants I numeri importanti I números importantes I viktige nummer I belangrijke nummers

reisepass passport I passeport I passaporto I pasaporte I pass I paspoort

führerschein driving licence I permis de conduire I patente di guida I permiso de conducir I førerkort I rijbewijs

krankenversicherung health insurance I assurance maladie I assicurazione sanitaria I seguro de salud I helseforsikring I ziektekostenverzekering

reiseversicherung travel insurance I assurance voyage I assicurazione viaggio I seguro de viaje I reiseforsikring I reisverzekering

KREDITKARTEN

credit cards I cartes de crédit I carte di credito I tarjetas de crédito I kredittkort I creditcards

☐ **visa** ☐ **mastercard** ☐ **amex** ☐ ______________________________

nummer number I numéro I numero I número I nummer I nummer

karte sperren card blocking I blocage de carte I blocco della carta I bloqueo de la tarjeta I kort blokkering I kaart blokkeren

☐ **visa** ☐ **mastercard** ☐ **amex** ☐ ______________________________

nummer number I numéro I numero I número I nummer I nummer

karte sperren card blocking I blocage de carte I blocco della carta I bloqueo de la tarjeta I kort blokkering I kaart blokkeren

ADRESSEN

addresses I adresses I indirizzi I direcciones I adresser I adressen

name

adresse

telefon

handy

email 1

email 2

name

adresse

telefon

handy

email 1

email 2

name

adresse

telefon

handy

email 1

email 2

ADRESSEN

addresses I adresses I indirizzi I direcciones I adresser I adressen

name

adresse

telefon

handy

email 1

email 2

name

adresse

telefon

handy

email 1

email 2

name

adresse

telefon

handy

email 1

email 2

ADRESSEN

addresses | adresses | indirizzi | direcciones | adresser | adressen

name

adresse

telefon

handy

email 1

email 2

name

adresse

telefon

handy

email 1

email 2

name

adresse

telefon

handy

email 1

email 2

ADRESSEN

addresses | adresses | indirizzi | direcciones | adresser | adressen

name

adresse

telefon

handy

email 1

email 2

name

adresse

telefon

handy

email 1

email 2

name

adresse

telefon

handy

email 1

email 2

ADRESSEN

addresses I adresses I indirizzi I direcciones I adresser I adressen

name

adresse

telefon

handy

email 1

email 2

name

adresse

telefon

handy

email 1

email 2

name

adresse

telefon

handy

email 1

email 2

ZEITZONEN

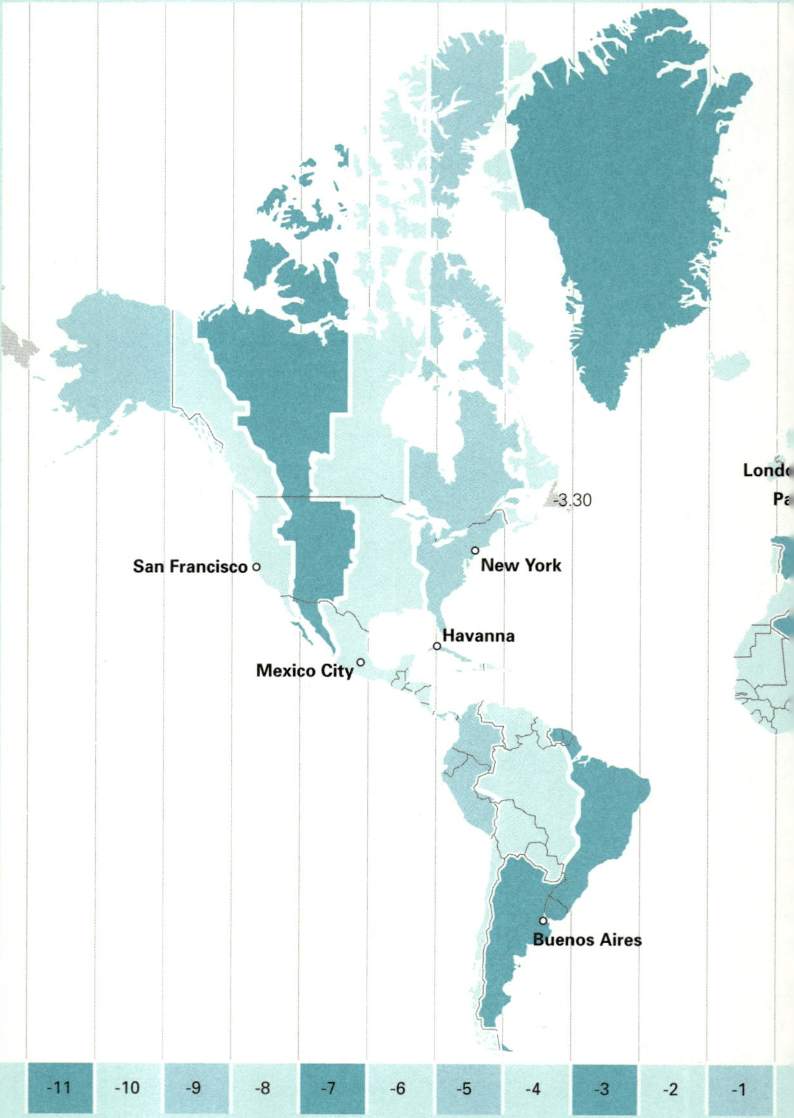

-3.30
San Francisco
New York
Havanna
Mexico City
Buenos Aires
-11
-10
-9
-8
-7
-6
-5
-4
-3
-2
-1

nsterdam
Beijing
Tokio
+5.45
+3.30
+4.30
Dubai
+5.30
+6.30
Hong Kong
Bangkok
+13
+9.30
Cape Town
Sydney
+1
+2
+3
+4
+5
+6
+7
+8
+9
+10
+11

INTERNATIONALE GRÖSSEN FRAUEN

women | femmes | donne | mujeres | damer | dames

	XS	S	M	M/L	L	XL	(X)XL
Nordeuropa	34	36	38	40	42	44	46
Südeuropa	38	40	42	44	46	48	50
UK	6	8	10	12	14	16	18
USA	4	6	8	10	12	14	16
Japan	7	9	11	13	15	17	19

Nordeuropa	35	36	37	38	39	40	41
Südeuropa	36	37	38	39	40	41	- -
UK	3	3½	4	5	6	6½	7½
USA	5	6	6½	7½	8½	9	10
Japan	22	22½	23	24	25	25½	26½

INTERNATIONALE GRÖSSEN HERREN

men | hommes | uomini | hombres | herrer | heren

	XS	S	M	M/L	L	XL	(X)XL
Nordeuropa	42	44	46	48	52	54	56
Südeuropa	46	48	50	52	54	56	58
UK	36	38	40	42	44	46	48
USA	36	38	40	42	44	46	48
Japan	7	9	11	13	15	17	19

Nordeuropa	39	40	41	42	43	44	45
Südeuropa	40	41	42	43	44	45	46
UK	6	7	7½	8½	9	10	10½
USA	7	8	8½	9½	10	11	11½
Japan	24½	25	26	26½	27½	28	29

TEMPERATUR

temperature | température | temperatura | temperatura | temperatur | temperatuur

°C	-35	-30	-25	-20	-15	-10	-5	0	5	10	15	20	25	30	35
°F	-31	-22	-13	-4	5	14	23	32	41	50	59	68	77	86	95

BUDGET

budget | budget | budget | presupuesto | budsjett | budget

datum	ort	betrag

cm inches
1 2 3 4 5 6 7 8 9 10 11 12 13 14 15 16
1 2 3 4 5 6

TELEFON & INTERNET INTERNATIONAL

internationale kennzeichnungen

country	www.	country code	international phone call
A			
Afghanistan	.af	AFG	93
Albania	.al	ALB	355
Algeria	.dz	DZA	213
Andorra	.ad	AND	376
Argentina	.ar	ARG	54
Armenia	.am	ARM	374
Aruba	.aw	ABW	297
Australia	.au	AUS	61
Austria	.at	AUT	43
B			
Bahamas	.bs	BHS	1 242
Bahrain	.bh	BHR	973
Bangladesh	.bd	BGD	880
Belarus	.by	BLR	375
Belgium	.be	BEL	32
Belize	.bz	BLZ	501
Bhutan	.bt	BTN	975
Bolivia	.bo	BOL	591
Bosnia & Herz.	.ba	BIH	387
Brazil	.br	BRA	55
Bulgaria	.bg	BGR	359
C			
Cambodia	.kh	KHM	855
Cameroon	.cm	CMR	237
Canada	.ca	CAN	1
Cape Verde	.cv	CPV	238
Chile	.cl	CHL	56
China	.cn	CHN	86
Colombia	.co	COL	57
Congo DR	.cd	COD	243
Costa Rica	.cr	CRI	506
Croatia	.hr	HRV	385
Cuba	.cu	CUB	53
Curaçao	.cw	CUW	599 9
Cyprus	.cy	CYP	357
Czech Republic	.cz	CZE	420
D			
Denmark	.dk	DNK	45
Dominican Rep.	.do	DOM	1 809
E			
Ecuador	.eg	ECU	593
Egypt	.eg	EGY	20
El Salvador	.sv	SLV	503

TELEFON & INTERNET INTERNATIONAL

internationale kennzeichnungen

country	**www.**	**country code**	**international phone call**
Estonia	.ee	EST	372
Ethiopia	.et	ETH	251
F			
Fiji	.fj	FJI	679
Finland	.fi	FIN	358
France	.fr	FRA	33
G			
Gambia	.gm	GMB	220
Georgia	.ge	GEO	955
Germany	.de	DEU	49
Ghana	.gh	GHA	233
Greece	.gr	GRC	30
Greenland	.gl	GRL	299
Guatemala	.gt	GTM	502
H			
Haiti	.ht	HTI	509
Honduras	.hn	HND	504
Hong Kong	.hk	HKG	852
Hungary	.hu	HUN	36
I			
Iceland	.is	ISL	354
India	.in	IND	91
Indonesia	.id	IDN	62
Iran	.ir	IRN	98
Iraq	.iq	IRQ	964
Ireland	.ie	IRL	353
Israel	.il	ISR	972
Italy	.it	ITA	39
Ivory Coast	.ci	CIV	225
J			
Jamaica	.jm	JAM	1 876
Japan	.jp	JPN	81
Jordan	.jo	JOR	962
K			
Kenya	.ke	KEN	254
Kuwait	.kw	KWT	965
L			
Laos	.la	LAO	856
Latvia	.lv	LVA	371
Lebanon	.lb	LBN	961

TELEFON & INTERNET INTERNATIONAL

internationale kennzeichnungen

country	www.	country code	international phone call
L			
Libya	.ly	LBY	218
Lithuania	.lt	LTU	370
Luxembourg	.lu	LUX	352
M			
Macau	.mo	MAC	853
Macedonia	.mk	MKD	389
Madagascar	.mg	MDG	261
Malaysia	.my	MYS	60
Maldives	.mv	MDV	960
Malta	.mt	MLT	356
Mauritius	.mu	MUS	230
Mexico	.mx	MEX	52
Moldova	.md	MDA	373
Monaco	.mc	MCO	377
Mongolia	.mn	MNG	976
Montenegro	.me	MNE	382
Morocco	.ma	MAR	212
Myanmar (Burma)	.mm	MMR	95
N			
Namibia	.na	NAM	264
Nepal	.np	NPL	977
Netherlands	.nl	NLD	31
New Zealand	.nz	NZL	64
Nicaragua	.ni	NIC	505
Nigeria	.ng	NGA	234
Norway	.no	NOR	47
O			
Oman	.om	OMN	968
P			
Pakistan	.pk	PAK	92
Panama	.pa	PAN	507
Paraguay	.py	PRY	595
Peru	.pe	PER	51
Philippines	.ph	PHL	63
Poland	.pl	POL	48
Portugal	.pt	PRT	351
Puerto Rico	.pr	PRI	1
Q			
Qatar	.qa	QAT	974
R			
Romania	.ro	ROU	40

TELEFON & INTERNET INTERNATIONAL

internationale kennzeichnungen

country	www.	country code	international phone call
R			
Russia	.ru	RUS	7
S			
Saudi Arabia	.sa	SAU	966
Senegal	.sn	SEN	221
Serbia	.rs	SRB	381
Seychelles	.sc	SYC	248
Singapore	.sg	SGP	65
Slovakia	.sk	SVK	421
Slovenia	.si	SVN	386
South Africa	.za	ZAF	27
South Korea	.kr	KOR	82
Spain	.es	ESP	34
Sri Lanka	.lk	LKA	94
Sudan	.sd	SDN	249
Suriname	.sr	SUR	597
Sweden	.se	SWE	46
Switzerland	.ch	CHE	41
Syria	.sy	SYR	963
T			
Taiwan	.tw	TWN	886
Tanzania	.tz	TZA	255
Thailand	.th	THA	66
Tunisia	.tn	TUN	216
Turkey	.tr	TUR	90
U			
Ukraine	.ua	UKR	380
United Arab Em.	.ae	ARE	971
United Kingdom	.uk	GBR	44
United States	.com	USA	1
Uruguay	.uy	URY	598
V			
Venezuela	.ve	VEN	58
Vietnam	.vn	VNM	84
Y			
Yemen	.ye	YEM	967
Z			
Zambia	.zm	ZMB	260
Zimbabwe	.zw	ZWE	263

Wörter für unterwegs #1:

ja (de) yes (en) oui (fr) sì (it) sí (sp) ja (no) ja (nl)

Paris is always a good idea

Audrey Hepburn

Wörter für unterwegs #2:

nein (de) no (en) non (fr) no (it) no (sp) no (no) nee (nl)

Since life is short and the world is wide,

the sooner you start exploring it, the better

Simon Raven

Wörter für Unterwegs #3:

hallo (de) hello (en) bonjour (fr) ciao (it) ¡hola (sp) hallo (no) hallo (nl)

Travel improves the mind wonderfully,

and does away with all one's prejudices

Oscar Wilde

Wörter für Unterwegs #4:

wie gehts? (de) how are you? (en) comment ça va? (fr) come stai? (it)

¿cómo estás? (sp) hvordan er du? (no) hoe gaat het? (nl)

Die Welt gehört dem, der sie genießt

Giacamo Leopardi

Wörter für Unterwegs #5

meine name ist … (de) my name is … (en) mon nom est … (fr)

il mio nome è … (it) mi nombre es ... (sp) mitt navn er ... (no)

mijn naam is … (nl)

My favourite thing is to go where I've never been before

Diane Arbus

Wörter für Unterwegs #6:

es tut mir leid (de) i'm sorry (en) je suis desolée (fr) mi dispiace (it)

lo siento (sp) jeg beklager (no) het spijt me (nl)

Reisen können, ist eine der schwierigsten Künste.

Eigentlich müßte man es im Hauptberuf betreiben

Walter Nissen

Wörter für Unterwegs #7:

willkommen (de) welcome (en) bienvenue (fr) benvenuto (it)

bienvenido (sp) velkommen (ro) welkom (nl)

Die Welt ist ein Buch, von dem man nur die erste Seite gelesen hat, wenn man nur sein Land gesehen hat

Fougeret de Moubron

Wörter für Unterwegs #8

danke schön (de) thank you very much (en) merci beaucoup (fr)

grazie mille (it) muchas gracias (sp) tusen takk (no) hartelijk bedankt (nl)

Keep calm & travel on

Unbekannt

Wörter für Unterwegs #9:

viel spaß (de) have fun (en) amusez-vous (fr) buon divertimento (it)

que se divierta (sp) ha det gøy (no) veel plezier (nl)

Like all great travellers, I have seen more than I remember

and remember more than I have seen

Benjamin Disraeli

Wörter für Unterwegs #10:

tschüss (de) goodbye (en) aur revoir (fr) arrivederci (it)

adiós (sp) farvel (no) tot ziens (nl)

Viel zu spät begreifen viele die versäumten Lebensziele:

Freude, Schönheit der Natur, Gesundheit, Reisen und Kultur.

Darum, Mensch, sei zeitig weise! Höchste Zeit ist's! Reise, reise!

Wilhelm Busch

Wörter für Unterwegs #11:

gute nacht (de) good night (en) bonne nuit (fr) buonanotte (it)

buenas noches (sp) god natt (no) goedenacht (nl)

Come fly with me, let's fly, let's fly away

Frank Sinatra

Wörter für Unterwegs #12:

hilf mir! (de) help me! (en) aidez-moi! (fr) aiuto! (t) ayuda! (sp)

hjelp meg (no; help mij! (nl)

So viele Länder, so wenig Zeit!

Napoleon Bonaparte

Wörter für Unterwegs #13:

bitte (de) please (en) s'il vous plaît (fr) per favore (it) por favor (sp)

vennligst (no) alstublieft (nl)

Reisen sollte nur ein Mensch,

der sich ständig überraschen lassen will

Oskar Maria Graf

Wörter für Unterwegs #14:

viel glück (de) good luck (en) bonne chance (fr) tanti auguri (it)

buena suerte (sp) lykke til (no) veel geluk (nl)

Wanderlust: a very strong or irrisitible impulse to travel

Unbekannt

Wörter für Unterwegs #15:

sprechen sie englisch? (de) do you speak english? (en)

parlez-vous anglais? (fr) parlano inglese? (it) hablan inglés? (sp)

de snakker engelsk? (no) spreekt u engels? (nl)

There are no foreign lands. It is the traveller who is foreign

Robert Louis Stevenson

Wörter für Unterwegs #16

guten appetit (de) enjoy your meal (en) bon appétit (fr) buon appetito (it) que aproveche (sp) nyt måltidet (no) eet smakelijk (nl)

Eine kleine Reise ist genug, um uns und die Welt zu erneuern

Marcel Proust

Wörter für Unterwegs #17:

gute reise (de) have a good journey (en) bon voyage (fr) buon viaggio (it) buen viaje (sp) god tur (no) goede reis (nl)

In guter Gesellschaft ist keine Strasse lang

Türkisches Sprichwort

Wörter für Unterwegs #18:

ich liebe dich (de) i love you (en) je t'aime (fr) ti amo (it) te amo (sp)

jeg elsker deg (no) ik hou van jou (nl)

Never go on a trip with anyone you do not love

Ernest Hemingway

NEW YORK

1
Van Cortlandt Park, 242 St
238 St
231 St
Marble Hill, 225 St
215 St
207 St
Dyckman St
191 St
181 St
163 St, Amsterdam Av
155 St
A
Inwood, 207 St
Dyckman St
190 St
181 St
175 St
C
168 St
157 St
145 St
137 St, City College
125 St
116 St, Columbia Univ.
Cathedral Pkwy (110 St)
103 St
96 St
86 St
79 St
72 St
66 St, Lincoln Center
59 St, Columbus Circle
50 St
42 St, Port Auth.
Times Sq, 42 St
34 St, Penn Station
23 St
L
14 St
B
145 St
135 St
125 St
116 St
Cathedral Pkwy (110 St)
103 St
96 St
86 St
81 St, Mus. Of Nat History
72 St
155 St
3
Harlem, 148 St
145 St
135 St
125 St
116 St
Central Park N (110 St)
4
Woodlawn
Mosholu Pkwy
Bedford Pk Bd, Lehman College
Kingsbridge Rd
Fordham Rd
183 St
Burnside Av
176 St
Mt Eden Av
170 St
167 St
161 St, Yankee Stadium
138 St
3 Av, 149 St
3 Av, 138 St
149 St, Gr Concourse
125 St
116 St
110 St
103 St
96 St
86 St
77 St
68 St, Hunter College
Lex. Av, 63 St
Lexington Av
59 St
51 St
42 St, Grand Central
33 St
28 St
23 St
14 St, Union Sq
3 Av
1 Av
Astor Pl
Bleecker St
Broadway, Lafayette St
2 Av
Spring St
Bowery
Grand St
Canal St
Chambers St
Brooklyn Bridge
Broadway, Nassau St
Fulton St
Wall St
Norwood, 205 St
D
Bedford Pk Bd
Kingsbridge Rd
Fordham Rd
182 St, 183 St
Tremont Av
174 St, 175 St
170 St
167 St
2
Nereid Av (238 St)
47 St, 50St, Rockefeller Ctr.
7 Av
57 St
57 St
5 Av
5 Av
49 St
49 St
50 St
S
5 Av
42 St
7
34 St, Herald Sq
28 St
23 St
34 St
28 St
23 St
18 St
14 St
23 St
23 St
14 St
8 St, NYU
W 4 St
Spring St
Prince St
Christopher St, Sheridan Sq
Houston St
Canal St
Franklin St
Chambers St
Chambers St
Park Pl
WTC
E
Canal St
City Hall
6
Cortlandt St
Wall St
Rector St
South Ferry
Broad St
Whitehall St
J Z
1
Bowling Green
Roosevelt Island
45 Rd,

5
stchester Dyre Av
Baychester Av
Gun Hill Rd
Pelham Pkwy
Morris Park
6
Pelham Bay Park
Buhre Av
Middletown Rd
Westchester Sq, E Tremont Av
Zerega Av
Castle Hill Av
Parkchester
St Lawrence Av
Morrison Av, Soundview
Elder Av
s Point Av
St Mary's St
Flushing, Main St
7
Mets, Willets Point
111 St
103 St, Corona Pl
90 St, Elmhurst Av
Junction Bd
82 St, Jackson Hts
74 St, Broadway
N Q
Astoria, Ditmars Bd
Steinway St
46 St
Northern Bd
65 St
Grand Av, Newtown
Woodhaven Bd
63 Dr, Rego Pk
R
M
F
E
36 St
69 St
Elmhurst Av
Jackson Heights, Roosevelt Av
52 St
61 St, Woodside
Queens Pl
46 St, Bliss St
40 St, Lowery St
Court Sq
33 St, Rawson St
G
M
Middle Village, Metropolitan Av
Fresh Pond Rd
Forest Av
Myrtle Av, Wyckoff Av
Seneca Av
s Point Av
Nassau Av
Graham Av
Grand St
Jefferson St
Dekalb Av
Lorimer St
Halsey St
L
Metropolitan Av
Montrose Av
Morgan Av
Central Av
Knicker-Bocker Av
J
Z
Marcy Av
Broadway
Lorimer St
Myrtle Av
Kosciusko St
Gates Av
Halsey St
Hewes St
Myrtle Av, Willoughby Av
A
C
St, Borough Hall
Flushing Av
Utica Av
Clinton Av, Wash. Av
Lawrence St
Bedford Av, Nostrand Av
Kingston Av, Throop Av
Dekalb Av
Classon Av
Hoyt St
Fulton St
S
Nostrand Av
High St
Nevins St
Franklin Av
Park Pl
Lafayette Av
E Pkwy, Brooklyn Museum
Nostrand Av
Borough Hall
Atl. Av, Pac. St
7 Av
Franklin Av
3
4
Bergen St
Union St
Gr Army Pl
Botanic Garden
Carroll St
9 St
Prospect Pk
Pres. St
5
2
Smith St, 9 St
4 Av
7 Av
S
Park-Side Av
Sterling St
Hoyt, Schermerhorn
15 St, Prospect Pk
Winthrop St
Prospect Av
Bergen St
Church Av
Beverley Rd
25 St
Atlantic Av
Cortelyou Rd
Ft Hamilton Pkwy
G
Newkirk Av
Church Av
Ditmas Av
Av H
36 St
B
Av I
Q
45 St
9 Av
50 St
18 Av
53 St
55 St
Bay Pkwy
Av N
59 St
8 Av
18 Av
20 Av
F
62 St
Bay Ridge Av
Ft Hamilton Pkwy
New Utrecht Av
Bay Pkwy
N
71 St
Kings Hwy
77 St
79 St
86 St
18 Av
D
20 Av
Bay Pkwy
Bay Ridge, 95 St
R

LONDON

Watford Junction
Watford High Street
Bushey
Carpenders Park
Hatch End
Headstone Lane
Harrow & Wealdstone
Kenton
Northwick Park
Chesham
Chalfont & Latimer
Amersham
Watford
Chorleywood
Croxley
Rickmansworth
Moor Park
Northwood
Northwood Hills
Pinner
North Harrow
Harrow-on-the-Hill
West Harrow
South Kenton
North Wembley
Wembley Central
Stonebridge Park
Harlesden
Willesden Junction
Kensal Green
Queen's Park
Kilburn Park
Maida Vale
Warwick Avenue
Paddington
Edgware Road
Marylebone
Baker Street
Edgware
Burnt Oak
Stanmore
Canons Park
Queensbury
Kingsbury
Wembley Park
Neasden
Dollis Hill
Willesden Green
Kilburn
West Hampstead
Finchley Road
Swiss Cottage
Golders Green
Finchley Road & Frognal
Preston Road
Brondesbury Pk.
Kensal Rise
Brondesbury
Kilburn High Rd.
S. Hampstead
West Ruislip
Uxbridge
Hillingdon
Ickenham
Ruislip
Ruislip Manor
Eastcote
Rayners Lane
Ruislip Gardens
South Ruislip
Northolt
Greenford
Perivale
Hanger Lane
South Harrow
Sudbury Hill
Sudbury Town
Alperton
Park Royal
North Ealing
Ealing Broadway
West Acton
North Acton
East Acton
Ealing Common
Acton Central
South Acton
Acton Town
Royal Oak
Westbourne Park
Ladbroke Grove
Latimer Road
Stephen's Bush
White City
Wood Lane
Notting Hill Gate
Holland Park
Shepherd's Bush Market
Goldhawk Road
Kensington (Olympia)
Bayswater
Lancaster Gate
Queensway
Marble Arch
Bond Street
High Street Kensington
Hyde Pk. Corner
Knightsbridge
Earl's Court
Baron's Court
Green Park
South Ealing
Northfields
Boston Manor
Osterley
Hounslow East
Hounslow Central
Hounslow West
Hatton Cross
Heathrow Terminals 1-3
Heathrow Terminal 4
Heathrow Terminal 5
Chiswick Park
Gunnersbury
Kew Gardens
Richmond
Ravenscrt. Park
Stamford Brook
Turnham Green
Hammersmith
West Kensington
Gloucester Road
South Kensington
Sloane Square
Victoria
West Brompton
Fulham Broadway
Parsons Green
Putney Bridge
East Putney
Southfields
Wimbledon Park
Wimbledon
Imperial Wharf
Clapham Junction
Clapham Common
Morden
Bakerloo Line
Central Line
Circle Line
District Line
Hammersmith & City Line
Jubilee Line
Metropolitan Line
Northern Line
Piccadilly Line
Victoria Line
Waterloo & City Line

High Barnet
Totteridge & Whetstone
Woodside Park
West Finchley
Finchley Central
East Finchley
Highgate
Archway
Tufnell Park
Kentish Town
Camden Road
Crouch Hill
Upper Holloway
Cockfosters
Oakwood
Southgate
Arnos Grove
Bounds Green
Wood Green
Turnpike Lane
Harringay Green Lanes
Manor House
Finsbury Park
Arsenal
Holloway Road
Caledonian Road
Caledonian Road & Barnsbury
Highbury & Islington
Canonbury
King's Cross St. Pancras
Angel
Old Street
Farringdon
Barbican
Russell Sq.
Chancery Lane
St. Paul's
Moorgate
Liverpool Street
Bank
Cannon Str.
Mansion House
Monument
Tower Hill
Aldgate
London Bridge
Borough
South Tottenham
Seven Sisters
Tottenham Hale
Blackhorse Road
Walthamstow Central
Walthamstow Queen's Road
Dalston Kingsland
Dalston Junction
Hackney C.
Homerton
Hackney Wick
Haggerston
Hoxton
Shoreditch High Str.
Bethnal Green
Mile End
Stepney Green
Whitechapel
Aldgate East
Shadwell
Limehouse
Wapping
Rotherhithe
Bermondsey
Canada Water
Surrey Quays
New Cross Gate
New Cross
Brockley
Honor Oak Park
Forest Hill
Sydenham
Penge West
Anerley
Norwood Junction
Crystal Palace
West Croydon
Epping
Theydon Bois
Debden
Loughton
Buckhurst Hill
Roding Valley
Chigwell
Grange Hill
Hainault
Fairlop
Barkingside
Newbury Park
Woodford
South Woodford
Snaresbrook
Gants Hill
Redbridge
Wanstead
Leytonstone
Leyton Midland Rd.
Leytonstone High Road
Wanstead Park
Leyton
Woodgrange Park
Stratford
Pudding Mill Lane
Bow Road
Bow Church
Bromley-by-Bow
West Ham
Devons Rd.
Langdon Pk.
All Saints
East India
Poplar
Westferry
Blackwall
West India Quay
Canary Wharf
Heron Quays
South Quay
Crossharbour
Mudchute
Island Gardens
Cutty Sark for Maritime Greenwich
Greenwich
Deptford Bridge
Elverson Road
Lewisham
North Greenwich
Canning Town
Royal Victoria
Custom House for Excel Station
Prince Regent
Royal Albert
Beckton Park
Cyprus
Gallions Reach
Beckton
West Silvertown
Pontoon Dock
London City Airport
King George V
Woolwich Arsenal
Upminster
Upminster Bridge
Hornchurch
Elm Park
Dagenham East
Dagenham Heathway
Becontree
Upney
Barking
East Ham
Upton Park
Plaistow
London Overground
DLR (Docklands Light Railway)

PARIS

1 t/m 14 metro
A t/m E RER (réseau express régional)
A
B
C
1
2
3
6
8
9
10
12
13
14
Les Grésillons
Les Courtilles
Les Agnettes
Gabriel Péri
St-Ouen
Mairie de St-Ouen
Carrefour Pleyel
Garibaldi
Mairie de Clichy
Porte de St-Ouen
Guy Môquet
Pont de Levallois Bécon
Anatole France
Louise Michel
Porte de Champerret
Pereire-Levallois
Pereire
Porte de Clichy
Brochant
La Fourche
Blanche
La Défense
Esplanade de La Défense
Pont de Neuilly
Les Sablons
Porte Maillot
Neuilly-Porte Maillot
Argentine
Rome
Place de Clichy
Wagram
Malesherbes
Villiers
Liège
Trinité d'Estienne d'Orves
Monceau
Europe
Courcelles
Ternes
St-Lazare
Haussmann St-Lazare
Chaussée d'A
La Fayette
Charles de Gaulle Étoile
St-Augustin
Miromesnil
St-Philippe-du-Roule
Havre Caumartin
Opéra
Auber
Porte Dauphine
Avenue Foch
Victor Hugo
Kléber
George V
Franklin D. Roosevelt
Madeleine
Pyramides
Boissière
Champs Élysées Clemenceau
Palais Royal Musée du Louvre
Rue de la Pompe
Trocadéro
Iéna
Alma Marceau
Concorde
Tuileries
Avenue Henri Martin
Pont de l'Alma
Invalides
Musée d'Orsay
La Muette
Passy
La Tour Maubourg
Assemblée Nationale
Boulainvilliers
Champ de Mars Tour Eiffel
Varenne
Solférino
St-Germain-des-Prés
Ranelagh
Av. du Prés. Kennedy
Bir-Hakeim
École Militaire
St-François Xavier
Rue du Bac
Sèvres Babylone
Dupleix
La Motte Picquet Grenelle
Jasmin
Avenue Émile Zola
Vaneau
Michel Ange Auteuil
Église d'Auteuil
Javel
Charles Michels
Ségur
Rennes
St-Placide
Cambronne
Montparnasse Bienvenüe
Porte d'Auteuil
Commerce
Duroc
Falguière
Boulogne Jean Jaurès
Mirabeau
Javel André Citroën
Michel Ange Molitor
Chardon Lagache
Sèvres Lecourbe
Pasteur
Félix Faure
Boulogne Pont de St-Cloud
Exelmans
Volontaires
Gaîté
Porte de St-Cloud
Boulevard Victor
Boucicault
Vaugirard
Pernety
Lourmel
Marcel Sembat
Convention
Plaisance
Billancourt
Balard
Porte de Versailles
Porte de Vanves
Pont de Sèvres
Issy Val de Seine
Corentin Celton
Malakoff Plateau de Vanves
Malakoff Rue Étienne Dolet
Mairie d'Issy
Issy
Châtillon-Montrouge
Meudon-Val-Fleury
Chaville-Vélizy

St-Denis-Université
13
Basilique de St-Denis
La Courneuve Aubervilliers
Le Bourget
B
Stade de France St-Denis
La Plaine Stade de France
La Courneuve 8 mai 1945
7
Fort d'Aubervilliers
Aubervilliers-Pantin Quatre Chemins
Porte de la Chapelle
12
Marx Dormoy
Simplon
Marcadet Poissonniers
Pantin
Bobigny Pablo Picasso
5
Porte de la Villette
Corentin Cariou
Bobigny-Pantin Raymond Queneau
Crimée
Ourcq
Porte de Pantin
Hoche
Église de Pantin
Noisy-le-Sec
E
Barbès Rochechouart
La Chapelle
Riquet
Stalingrad
Laumière
Gare du Nord
Louis Blanc
Jaurès
Buttes Chaumont
Danube
7bis
Magenta
Bolivar
Botzaris
Pré St-Gervais
Mairie des Lilas
11
Poissonnière
Château Landon
Gare de l'Est
Colonel Fabien
Jourdain
Porte des Lilas
3bis
Pyrénées
Place des Fêtes
Télégraphe
Château d'Eau
Jacques Bonsergent
Belleville
St-Fargeau
Strasbourg St-Denis
Goncourt
Couronnes
Bonne Nouvelle
Temple
République
Ménilmontant
Pelleport
Réaumur Sébastopol
Arts et Métiers
Parmentier
Père Lachaise
Gambetta
3
Gallieni
Oberkampf
Rue St-Maur
Porte de Bagnolet
Châtelet Les Halles
Rambuteau
Filles du Calvaire
St-Sébastien Froissart
St-Ambroise
Philippe Auguste
Mairie de Montreuil
9
Croix de Chavaux
Hôtel de Ville
Chemin Vert
St-Paul
Richard Lenoir
Voltaire
Alexandre Dumas
Robespierre
Porte de Montreuil
Pont Marie
Bréguet Sabin
Charonne
Maraîchers
Bastille
Rue des Boulets
Avron
Buzenval
2
Sully Morland
Ledru-Rollin
Faidherbe Chaligny
Nation
6
Vincennes
A
Cluny La Sorbonne
Porte de Vincennes
St-Mandé
Maubert Mutualité
Quai de la Rapée
Gare de Lyon
Reuilly-Diderot
Picpus
Bérault
Card. Lemoine
Jussieu
Montgallet
Bel-Air
Château de Vincennes
1
Place Monge
Gare d'Austerlitz
10
Daumesnil
Michel Bizot
Censier Daubenton
St-Marcel
Dugommier
Porte Dorée
Les Gobelins
Campo Formio
Bercy
Porte de Charenton
St-Jacques
Quai de la Gare
Liberté
Corvisart
Place d'Italie
Chevaleret
Cour St-Émilion
Glacière
Tolbiac
5
Nationale
Olympiades
Bibliothèque François Mitterrand
Charenton-Écoles
14
École Vétérinaire de Maisons-Alfort
Maison Blanche
Porte d'Italie
Porte de Choisy
Porte d'Ivry
Ivry-sur-Seine
Maisons-Alfort-Stade
Le Kremlin Bicêtre
Pierre et Marie Curie
Maisons-Alfort Alfortville
Maisons-Alfort Les Juilliottes
Villejuif Léo Lagrange
7
Mairie d'Ivry
Vitry-sur-Seine
Créteil-l'Échat
Villejuif Paul Vaillant-Couturier
Créteil-Université
Le Vert de Maisons
8
Créteil-Préfecture
7
Villejuif Louis Aragon
Les Ardoines
C
D

BARCELONA

Reina Elisenda
L6
Av. Tibid
Zona Universitària
L3
Sarrià
El Pu
Palau Reial
Les Tres Torres
La Bonanova
Maria Cristina
Muntaner
L5
Cornellà Centre
St. Gerva
Sant Ildefons
L8
Sant Boi
Gavarra
Molí Nou Ciutat Cooperativa
Cornellà Riera
Can Vidalet
Can Boixeres
Pubilla Cases
Les Corts
Collblanc
Can Serra
Almeda
Rbla. Just Oliveras
Florida
Plaça del Centre
Badal
Torrassa
Plaça de Sants
Hospital Clínic
Entença
l'Hospitalet Av. Carrilet
Av. Carrilet
Sants Estació
Mercat Nou
St. Josep
Sta. Eulàlia
Hostafrancs
Tarragona
Gornal
Bellvitge
Ildefons Cerdà
Magòria La Campana
Rocafort
Urgell
Hospital de Bellvitge
L1
Europa Fira
Espanya
L8
Sant Antoni
Poble Sec
Parc de Montjuïc
Paral·lel
L2
Dra

L11
Can Cuiàs
Ciutat Meridiana
Torre Baró Vallbona
Casa de l'Aigua
Montbau
Mundet
Vall
L5
Valldaura
Canyelles
Roquetes
El Coll La Teixonera
L3
L11
Trinitat Nova
L4
L9
Can Zam
Horta
El Carmel
Vilapicina
Via Júlia
Trinitat Vella
Vallcarca
Baró de Viver
Torras i Bages
Llucmajor
Singuerlín
Lesseps
Virrei Amat
Sant Andreu
Fabra i Puig
Alfons X
Santa Coloma
Maragall
Església Major
Guinardó, Hosp. de Sant Pau
Congrés
Fondo
Joanic
L1
Can Peixauet
Sant Pau Dos de Maig
Camp de l'Arpa
L9
Bon Pastor
La Sagrera
L10
Onze de Setembre
Llefià
Verdaguer
Sagrada Família
Navas
La Salut
Artigues St. Adrià
Verneda
La Pau
Encants
Clot
Bac de Roda
St. Martí
L4
Girona
Monumental
L2
Tetuan
Glòries
Besòs
Sant Roc
Gorg
Pep Ventura
Badalona Pompeu Fabra
L10
Arc de Triomf
Marina
Besòs Mar
Selva de Mar
Poblenou
El Maresme Fòrum
Bogatell
Llacuna
Ciutadella Vila Olímpica

BERLIN

U6
Alt-Tegel
Borsigwerke
Holzhauser Straße
Otisstraße
Scharnweberstraße
Kurt-Schumacher-Platz
Afrikanische Straße
Rehberge
Seestraße
Leopoldplatz
Wedding
Reinickendorfer Straße
Schwartzkopff-straße
Naturkunde-museum
Oranienburger Tor
Wittenau
U8
Rathaus Reinickendorf
Karl-Bonhoeffer-Nervenklinik
Lindauer Allee
Paracelsus-Bad
Residenzstraße
Franz-Neumann-Pla
Osloer Straße
Pankstra
U9
Nauener Platz
Amrumer Straße
Westhafen
Birkenstraße
Turmstraße
Hansa-platz
Zoologischer Garten
Kurfürsten-damm
Spichern-straße
Güntzel-straße
Berliner Straße
Bundes-platz
Friedrich-Wilhelm-Platz
Walther-Schreiber-Platz
Schloßstraße
Rathaus Steglitz
U9
Rohr-damm
Halemweg
Paulsternstraße
Siemens-damm
Jakob-Kaiser-Platz
Jungfernheide
Haselhorst
Zitadelle
Altstadt Spandau
Rathaus Spandau
U7
Mierendorffplatz
Richard-Wagner-Platz
Wilmersdorfer Straße
Adenauerplatz
Konstanzer Straße
Fehrbelliner Platz
Blisse-straße
U2
Ruhleben
Olympia-Stadion
Neu-Westend
Theodor-Heuss-Platz
Kaiser-damm
Sophie-Charlotte-Platz
Deutsche Oper
Bismarckstraße
Ernst-Reuter-Platz
Hauptbahnhof
Bundestag
U55
Brandenburger Tor
Stad mit
Mohrenstraße
Potsdamer Platz
Wittenbergplatz
Kurfürstenstr.
Mendelssohn-Bartholdy-Park
Notteldorf-platz
Möckern-brücke
Uhlandstraße
U1
Gleis-dreieck
Bülowstraße
U3
U4
Augsburger Straße
Viktoria-Luise-Platz
Bayerischer Platz
Kleistpark
Eisenacher Str.
Rathaus Schöneberg
Innsbrucker Platz
U4
Hohenzollernplatz
Mehring damm
Yorckstraß
Platz de Luftbrück
Paradestraß
Tempelh
Berna St
Ros
Heidelberger Platz
Rüdesheimer Platz
Breitenbachplatz
Podbielskiallee
Dahlem-Dorf
Thielplatz
Oskar-Helene-Heim
Onkel Toms Hütte
Krumme Lanke
U3

U2
Pankow
Vinetastraße
Schönhauser Allee
Eberswalder Straße
Senefelderplatz
Rosa-Luxemburg-Platz
U5
Schilling-
straße
Strausberger Platz
Weberwiese
Frankfurter Tor
Samariter-
straße
Frankfurter
Allee
Magdalenen-
straße
Lichten-
berg
Friedrichsfelde
Tierpark
Biesdorf-Süd
Elsterwerdaer Platz
Wuhletal
Kaulsdorf-Nord
Neue Grottkauer Straße
Cottbusser Platz
Hellersdorf
Louis-Lewin-
Straße
Hönow
U5
Jannowitz-
brücke
Heinrich-
Heine-
Straße
U1
Warschauer Straße
Schlesisches Tor
Görlitzer Bahnhof
Schönleinstraße
Hermannplatz
Südstern
Rathaus Neukölln
Karl-Marx-Straße
Neukölln
Grenzallee
Blaschkoallee
Parchimer Allee
Britz-Süd
Johannisthaler Chaussee
Lipschitzallee
Wutzkyallee
Zwickauer Damm
Rudow
U7
U8

MOSKAU

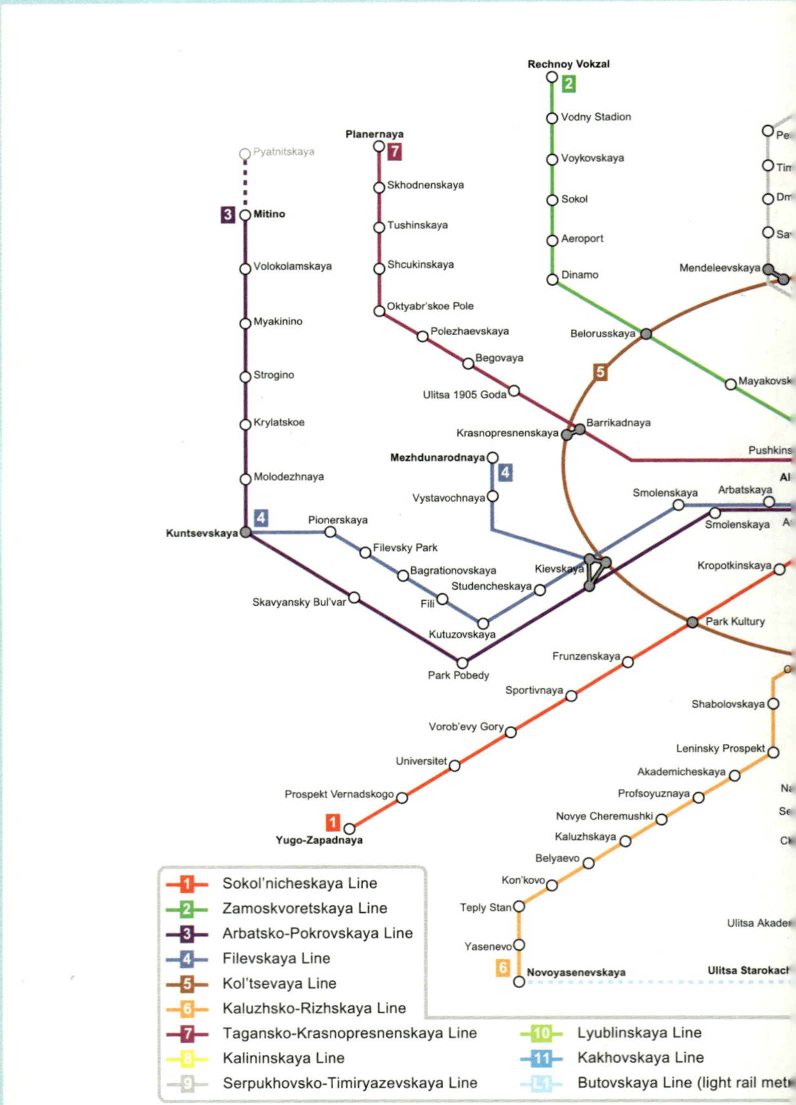

Rechnoy Vokzal
2
Vodny Stadion
Voykovskaya
Sokol
Aeroport
Dinamo
Planernaya
7
Skhodnenskaya
Tushinskaya
Shcukinskaya
Oktyabr'skoe Pole
Polezhaevskaya
Begovaya
Ulitsa 1905 Goda
Krasnopresnenskaya
Barrikadnaya
Pyatnitskaya
3
Mitino
Volokolamskaya
Myakinino
Strogino
Krylatskoe
Molodezhnaya
Kuntsevskaya
4
Pionerskaya
Filevsky Park
Bagrationovskaya
Fili
Studencheskaya
Kievskaya
Kutuzovskaya
Skavyansky Bul'var
Park Pobedy
Mezhdunarodnaya
4
Vystavochnaya
Mendeleevskaya
Belorusskaya
5
Smolenskaya
Arbatskaya
Smolenskaya
Kropotkinskaya
Park Kultury
Frunzenskaya
Sportivnaya
Vorob'evy Gory
Universitet
Prospekt Vernadskogo
1
Yugo-Zapadnaya
Shabolovskaya
Leninsky Prospekt
Akademicheskaya
Profsoyuznaya
Novye Cheremushki
Kaluzhskaya
Belyaevo
Kon'kovo
Teply Stan
Yasenevo
6
Novoyasenevskaya
1 Sokol'nicheskaya Line
2 Zamoskvoretskaya Line
3 Arbatsko-Pokrovskaya Line
4 Filevskaya Line
5 Kol'tsevaya Line
6 Kaluzhsko-Rizhskaya Line
7 Tagansko-Krasnopresnenskaya Line
8 Kalininskaya Line
9 Serpukhovsko-Timiryazevskaya Line
10 Lyublinskaya Line
11 Kakhovskaya Line

Medvedkovo
6
Babushkinskaya
Sviblovo
Botanichesky Sad
VDNKH
Alekseevskaya
Rizhskaya
Ulitsa Podbel'skogo
1
Cherkizovskaya
Preobrazhenskaya Ploshchad'
Sokol'niki
Krasnosel'skaya
Shchelkovskaya
3
Pervomayskaya
Izmaylovskaya
Partizanskaya
Semenovskaya
Elektrozavodskaya
Baumanskaya
Mar'ina Roshcha
10
Dostoevskaya
Prospekt Mira
Trubnaya
Sukharevskaya
Komsomol'skaya
Krasnye Vorota
Chistye Prudy
Sretensky Bul'var
Turgenevskaya
Lubyanka
Kuznetsky Most
Okhotny Ryad
Teatral'naya
Ploshchad' Revolyutsii
Biblioteka imeni Lenina
Kitay-Gorod
Kurskaya
Chkalovskaya
5
Novogireevo
Novokosino
8
Perovo
Shosse Entuziastov
Aviamotornaya
Rimskaya
Ploshchad' Il'icha
Taganskaya
Marksistskaya
8
Novokuznetskaya
Proletarskaya
Volgogradsky Prospekt
Krest'yanskaya Zastavaaya
Tekstil'shchiki
Kuz'minki
Ryazansky Prospekt
Vykhino
Zhulebino
7
Dubrovka
Kozhukhovskaya
Paveletskaya
Dobryninskaya
Serpukhovskaya
Tul'skaya
Nagornaya
Avtozavodskaya
Pechatniki
Volzhskaya
Lyublino
Bratislavskaya
Kakhovskaya
11
Kolomenskaya
11
Kashirskaya
Varshavskaya
10
Mar'ino
Kantemirovskaya
Tsaritsyno
Borisovo
Shipilovskaya
Orekhovo
Domodedovskaya
Zyablikovo
Brateevo
Krasnogvardeyskaya
2
9
Bul'var Dmitriya Donskogo
Ulitsa Gorchakova
Buninskaya Alleya
L1

TOKIO

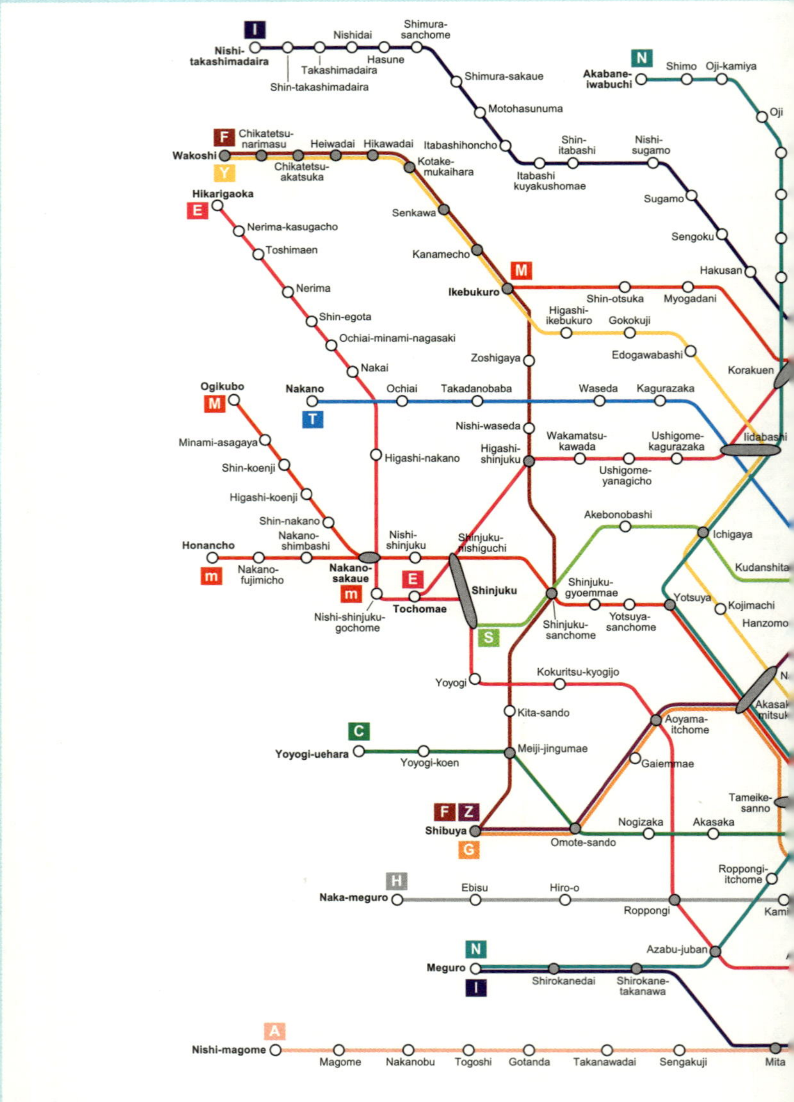

I
Nishi-takashimadaira
Shin-takashimadaira
Takashimadaira
Nishidai
Hasune
Shimura-sanchome
Shimura-sakaue
Motohasunuma
Itabashihoncho
Itabashi kuyakushomae
Shin-itabashi
Nishi-sugamo
Sugamo
Sengoku
Hakusan
N
Akabane-iwabuchi
Shimo
Oji-kamiya
Oji
F
Y
Wakoshi
Chikatetsu-narimasu
Chikatetsu-akatsuka
Heiwadai
Hikawadai
Kotake-mukaihara
Senkawa
Kanamecho
M
Ikebukuro
Shin-otsuka
Myogadani
Higashi-ikebukuro
Gokokuji
Edogawabashi
Korakuen
E
Hikarigaoka
Nerima-kasugacho
Toshimaen
Nerima
Shin-egota
Ochiai-minami-nagasaki
Nakai
Zoshigaya
Ogikubo
M
Nakano
T
Ochiai
Takadanobaba
Waseda
Kagurazaka
Nishi-waseda
Minami-asagaya
Shin-koenji
Higashi-koenji
Shin-nakano
Higashi-nakano
Higashi-shinjuku
Wakamatsu-kawada
Ushigome-yanagicho
Ushigome-kagurazaka
Iidabashi
Akebonobashi
Ichigaya
Kudanshita
Honancho
m
Nakano-fujimicho
Nakano-shimbashi
Nakano-sakaue
m
Nishi-shinjuku
E
Shinjuku-nishiguchi
Shinjuku
Nishi-shinjuku-gochome
Tochomae
S
Shinjuku-gyoemmae
Shinjuku-sanchome
Yotsuya-sanchome
Yotsuya
Kojimachi
Yoyogi
Kokuritsu-kyogijo
Kita-sando
Aoyama-itchome
Gaiemmae
C
Yoyogi-uehara
Yoyogi-koen
Meiji-jingumae
F
Z
Shibuya
G
Omote-sando
Nogizaka
Akasaka
Tameike-sanno
Roppongi-itchome
H
Naka-meguro
Ebisu
Hiro-o
Roppongi
Azabu-juban
N
Meguro
I
Shirokanedai
Shirokane-takanawa
A
Nishi-magome
Magome
Nakanobu
Togoshi
Gotanda
Takanawadai
Sengakuji
Mita

Kita-ayase
C
Machiya
Kita-senju
Ayase
Minami-senju
H
Nishi-nippori
Minowa
Iriya
Oshiage
A
Z
S
Motoyawata
Sendagi
Honjo-azumabashi
Shinozaki
Ueno
Inaricho
Tawaramachi
Asakusa
G
Mizue
Nezu
Kinshicho
Ichinoe
Ueno-okachimachi
Shin-okachimachi
Kuramae
Funabori
Naka-okachimachi
Ueno-hirokoji
Higashi-ojima
Yushima
Ojima
Suehirocho
Ryogoku
Nishi-ojima
Ochanomizu
Akihabara
Asakusa bashi
Nishi-funabashi
T
Sumiyoshi
Baraki-nakayama
Bakuro-yokoyama
Kikukawa
Myoden
Awajicho
Iwamotocho
Gyotoku
Ogawamachi
Higashi-nihombashi
Hamacho
Morishita
Minami-gyotoku
Kanda
Kodemmacho
Urayasu
Ningyocho
Kasai
Kiyosumi-shirakawa
Nishi-kasai
Mitsukoshimae
Suitengumae
Minami-sunamachi
Toyocho
Kiba
Nihombashi
Otemachi
Kayabacho
Monzen-nakacho
Nijubashimae
Kyobashi
Takaracho
Tokyo
Hatchobori
Tsukishima
Y
Yurakucho
Ginza-itchome
Shintomicho
Shin-kiba
Toyosu
Tatsumi
Tsukiji
Hibiya
Ginza
Higashi-ginza
Kasumigaseki
Kachidoki
Uchisaiwaicho
Tsukijishijo
Shimbashi
Shiodome
Daimon
G Ginza Line
H Hibiya Line
I Mita Line
M m Marunouchi Line
N Namboku Line
A Asakusa Line
S Shinjuku Line
C Chiyoda Line
T Tozai Line
E Oedo Line
Y Yurakucho Line
F Fukutoshin Line
Z Hanzomon Line

IMPRESSUM

Dieses 100% Travel Journal wurde mit größer Sorgfalt zusammengestellt. Mo Media ist nicht verantwortlich für eventuelle inhaltliche Fehler. Anmerkungen und/oder Kommentare können unter www.100travel.de mitgeteilt werden.

ISBN: 978-39-4350-233-6

Gestaltung: Marieke van de Graft

Kartografie: Van Oort redactie & cartografie